Author

Rafael Guerrero

Thanks to all of you who contributed in one way or another to the creation of this book. Included are Mother Earth, historical figures and cultures, the many mentors, children, teachers, etc. who helped guide the way to completion.

A PLANTER BE

A SONG INSPIRED BY JOY

a 4 yr old who wanted to be what she called a " planter "

1.

TO SEE WORLD ... ALONG WITH PLANTS

TO SEE THEM GROW ... THAT I MAY KNOW

THE LOVE-THE BEAUTY ... THAT I SEE

THE GIFT THAT LIFE ... HAS GIVEN ME

TO COME TO KNOW ... AS I DO GROW

THE JOY I FEEL ... THERE WITH MY PLANTS

AS I EXPLORE ... AND FIND WHATS MORE

HOW TO KNOW ... WHERE TO GO ... THAT I MAY SOAR

CHORUS

WHAT I CHOOSE   AND HOW I LIVE

APART OF ME   A PLANTER BE

TO BE ALIVE ... AND TO BE FREE

TO LEARN OF LIFE ... AND HOW IT WORKS

THERE IS SO MUCH ... THAT'S YET TO SEE

TO THINK OF THESE ... EXCITES ... ME

AS CURIOSITY ... BEGINS TO SOAR

I WANT TO LEARN ... I WANT TO KNOW

I WANT TO BE ... I WANT TO SEE

I WANT TO GO ... AND PLANT SOME MORE

CHORUS

WHAT I CHOOSE   AND HOW I LIVE

APART OF ME   A PLANTER BE

© 2024

CANCION INSPIRADA POR NIÑA DE 4 AÑOS, QUIEN ME DIJO; QUIERO SER " PLANTADORA ",
NO AGRICULTORA. NUNCA HABIA OIDO ESTA PALABRA. HOY LA USO EN CLASE

AL LADO DE PLANTAS … EL MUNDO … VER
EN VER LAS CRECER … QUE ME DAN EN SABER
EL AMOR LA BELLEZA … QUE ME DAN CONOCER
EL REGALO ~ QUE LA VIDA ~ QUE ME DA ~ EN TENER

LLEGANDO EN SABER … LO QUE ES … CRECER
ALEGRIA ~ SENTIR ~ CON MIS PLANTAS ~ VIVIR
EN … LO QUE ES … EXPLORAR … Y MAS ENCONTRAR
A DONDE ESTAR .. Y ADONDE IR .. PARA PODER … VOLAR

EN COMO VIVIR … Y EN QUE ESCOJER …
UNA PARTE DE MI … PLANTADORA … QUIERO … SER
CORO

LO QUE ES … VIVIR … LO QUE .. LIBRE ES … SER
COMO … FUNCIONA LA VIDA … SERIA .. APRENDER
TANTAS COSAS … QUE FALTAN … CONOCER
PENSANDO ASI … EMOCIONADA … ME SIENTO … SER

Y CUANDO … CURIOSIDAD … EMPIEZA A SURGIR
DESEO APRENDER … DESEO SABER
DESEO EN SER … DESEO EN VER
DESEO EN IR … Y PLANTAR … OTRA VEZ

EN COMO VIVIR … Y EN QUE ESCOJER …
UNA PARTE DE MI … PLANTADORA … QUERO … SER
CORO

© 2024

3.

ALL OF THE TREES
AUTHORS ; SOPHIA BAIN & RAFA

FAT TREE ... SKINNY TREE

ROUND TREE ... TALL TREE

.... I LOVE ALL OF THE TREES ....

NESTS FOR THE BIRDS ... HIVES FOR BEES

THEY GIVE US WINDS ... SHADE FOR THE HEAT

.. JOY AND FLOWERS AND ... !!! GREENS !!! ..

LETS NOT FORGET ... WHAT MAKES US STRONG
LETS NOT FORGET .. WHERE WE BELONG .. **& LIVE** !!

THEY GIVE US AIR ... DELICIOUS FRUIT...

THEY FIX THE DIRT... SO MORE CAN GROW...

.... HOW THANKFULL SHOULD I BE .. !!!

WE SING AND CLIMB AND PLAY ALL DAY

THEY SMELL SO GOOD ... AS WE WALK BY

MAKES LIFE .. A BETTER PLACE .. TO BE !!!

LETS NOT FORGET ... WHAT MAKES US STRONG
LETS NOT FORGET .. **WHERE WE BELONG .. & LIVE** !!

LETS THINK AND THINK AND THINK AGAIN

HOW WE CAN HELP .... PROTECT AND SAVE ...

AAALLL ... OOOFFF .... THE TREEEES... !!!!

© 2024

TODITOS LOS ARBOLITOS

ARBOLITOS GORDITOS ... ARBOLITOS FLAQUITOS
ARBOLITOS ALTITOS ... Y TAMBIEN REDONDITOS
ENAMORADA ... CON TODITOS ... LOS ARBOLITOS

NIDOS ... DE PAJARITOS ... CASAS ... DE ABEJITAS
SOMBRA ... SABROSA ... CON ... VIENTOS DE VERANO
FLORES COLORIDAS ... CON TANTO VERDE ... A LA MANO

QUE NO SE OLVIDE ... LO QUE ... NOS FORTALECE
QUE NO SE OLVIDE ... DE DONDE SOMOS ... Y DONDE VIVIMOS

DE LICIOSA FRUTA ... NOS DAN EL AIRE
ARREGLAN LA TIERRA ... PARA SEGUIR CRECIENDO
TAN AGRADECIDOS ... DEBEMOS ESTAR

TREPANDO Y CANTANDO ... JUGANDO EL DIA
SABROSOS QUE HUELEN ... CAUSANDO ALEGRIA
HACIENDO LA VIDA ... UN MEJOR LUGAR ... EN DONDE ESTAR

HAY QUE PENSAR Y PENSAR ... Y PENSAR OTRA VEZ
COMO AYUDAR ... PROTEGER ... Y SALVAR
TODITOS ... TODITOS ... TODITOS ... LOS ARBOLITOS

QUE NO SE OLVIDE ... LO QUE ... NOS FORTALECE
QUE NO SE OLVIDE ... DE DONDE SOMOS ... Y DONDE VIVIMOS

5. WONDERS OF THE GARDEN

Author ; 10 yr old inspired by our garden program

WHERE I GET MY ... FLOWERS FROM

WHERE WE HAVE ... SO MUCH FUN

WHERE WONDROUS PLANTS ... DO GROW

WHERE SQUASH - LETTUCE AND

TOMATOES ... SUN

CHORUS

TAKE ME TO THE GARDEN .. .. WHERE
MOTHER NATURE IS IN PEACE

WHERE ALL THE PLANTS .. .. DO ENJANCE

WHERE CHILDREN PLAY .. .. EVERY DAY

WHERE ALL THE PEOPLE .. .. WILL

PICK AND WASH AND EAT TODAY

TAKE ME TO THE GARDEN .. .. WHERE ..
MOTHER NATURE IS IN PEACE

AND SO DO .. THE GARDEN CLUB ..

PLANT ALL DAY .. AND WORK AWAY ..

SO YOU AND ME .. CAN GO TODAY ..

MAKING SURE .. " THE GARDEN " .. IS .. OKAY

TAKE ME TO THE GARDEN .. .. WHERE ..
MOTHER NATURE IS IN PEACE ..

LAS MARAVILLAS DEL JARDIN

DONDE   ...   RECOLECTO   ...   MIS FLORES

DONDE   ...   TENEMOS ... TANTA DIVERSION

DONDE   PLANTAS MARAVILLOSAS   CRECEN AQUI

CALABASAS~LECHUGAS   TOMATES   ... EN SOL

CORO

LLEVAME   AL JARDIN   EN DONDE

LA MADRE NATURA   SE ENCUENTRA   EN PAZ

DONDE LAS PLANTAS   ...   SI NOS MEJORAN

DONDE NIÑOS SI JUEGAN ...   TODOS LOS DIAS

DONDE TODA LA JENTE   ...   ESTARAN

COSECHANDO~LAVANDO~COMIENDO _EL DIA DE HOY

CORO

LLEVAME   AL JARDIN   EN DONDE

LA MADRE NATURA   SE ENCUENTRA   EN PAZ

Y TAMBIEN ALLI ... EN EL CLUB DE JARDIN

PLANTAR TODO EL DIA ... ESTANDO EN OBRA

Y ASI ... TU Y YO   Y ASI   ESTE DIA ... PODEMOS IR

Y ASI ESTE BIEN .. Y ASI ASEGURAR .. Y ASI EL JARDIN

CORO

LLEVAME   AL JARDIN   EN DONDE

LA MADRE NATURA   SE ENCUENTRA   EN PAZ

Ⓒ 2024

7.

ONCE UPON A TIME
A GARDEN CLUB

Actual story inspired by 2 10yr olds
after living our garden program

Leah & Shira

CHILDREN WATCHING ... INTERACTING
PLANTS & BUGS & ... WATER FLOWING
WIND IS BLOWING ...LEAVESARE DANCING
AS WE SEE ... A GARDEN GROWING

WHAT IS DIRT ... WHATS IT'S PARTS
WHAT PLANTS NEED ... WHAT TO GIVE
AS I LEARN ...AS I GROW
THIS I FEEL ... I WANT TO KNOW

WITH OUR FRIENDS ... AS WE TALK
AS WE PLAY ... AND THINK TODAY
A GARDEN CLUB!! ... AGARDEN CLUB!!
A NEW IDEA ... HAS COME OUR WAY!

HOW TO START ... WE DON'T KNOW
WHAT TO DO ... WHERE TO GO
ASK FOR HELP ... ASK WHO KNOWS
READY OR NOT ... HERE WE GO

A GARDEN CLUB!! ... A GARDEN CLUB!!

AN IDEA ... HAS COME OUR WAY

CLUB DE JARDIN

NINOS MIRANDO   INTER~ACTUANDO

BICHOS Y PLANTAS   AGUA FLUYENDO

VIENTO SOPLANDO   LAS HOJAS BAILANDO

EN LO QUE VEMOS   EL JARDIN   DES~ARROLLANDO

QUE ES LA TIERRA   QUE SON   SUS PARTES

LO QUE PLANTAS OCUPAN   LO QUE HAY QUE DARLES

EN LO QUE VEMOS   EN LO QUE   CRECEMOS

SIENTO QUE ESTO   Y TANTAS COSAS   QUIERO SABER

CON LOS AMIGOS   MIENTRAS JUGAMOS

DE LO QUE HABLAMOS   DE LO QUE   PENSAMOS

"UN CLUB DE JARDIN"   "UN CLUB DE JARDIN"

ESTA IDEA   NOS HA LLEGADO   EN LO QUE ANDAMOS

¿ COMO EMPEZAR ?   NO LO SABEMOS

¿ QUE HAY QUE HACER ?   EN ESTO ESTAMOS

AYUDA BUSCAR   Y PREGUNTAR   A QUIEN SABRA

LISTOS O NO   HAY LE VAMOS   HAY LE DAMOS

=== CORO ===

"UN CLUB DE JARDIN"   UN CLUB DE JARDIN"

UNA IDEA   NOS HA LLEGADO   EN LO QUE ANDAMOS

Ⓒ 2024

ITS TIME

ITS TIME TO PLANT
     TIME TO GROW
LETS GET THIS SHOW
     ON THE ROAD

ITS TIME

> TIKKUN OLAM HAKOL LOLAM
> TIME TO .... REPAIR THE EARTH   CHORUS

SEED BY SEED
DO YOUR SHARE
MAKE A DIFFERENCE
..... EVERYWHERE .....

LEARN TO GROW
TAKE IT SLOW
FIND THE PATIENCE
IN TIME ... YOU'LL KNOW

ITS TIME

> TIKKUN OLAM HAKOL LOLAM
> TIME TO ....   REPAIR THE EARTH   CHORUS

WATCH THEM GROW
SEE THE SHOW
NATURES DRAMA
..... EVERYWHERE ....

ITS TIME

TO FIX THE EARTH
TO GROW YOUR OWN
TO LET THE LAND
TO BE RESTORED

ITS TIME

> TIKKUN OLAM HAKOL LOLAM
> TIME TO.....   REPAIR THE EARTH   CHORUS

ES TIEMPO   DE PLANTAR
ES TIEMPO   DE CRECER
EN CAMINO ... EMPEZAR ... Y ... PROYECTAR
ESTE TEATRO ... Y ESTE SHOW ... YA LANZAR

KAUITL   TRAPATIA   SEMTLALTI
ES TIEMPO DE REPARAR LA TIERRA

SEMILLA   POR   SEMILLA
HACIENDO   TU   PARTE
CREANDO   ESE   CAMBIO
POR   TODAS   PARTES

APRENDIENDO   A CRECER
TOMANDOLO   DESPACITO
ENCONTRA**NDO**   PACIENCIA
Y CON   EL TIEMPO   **LO SABRAS**

KAUITL   TRAPATIA   SEMTLALTI
ES TIEMPO DE REPARAR LA TIERRA

VERLOS   CRECER
EL TEATRO   **EN VER**
NATURA   EN SU DRAMA
EN VERLA   **ADONDEQUERA**

EN   REPARAR LA TIERRA
EN   CRECER LO MIO
EN   DEJAR EL MUNDO
RESTAU-R-A-D-O   Y   RENACIDO

KAUITL   TRAPATIA   SEMTLALTI
ES TIEMPO DE REPARAR LA TIERRA

© 2024

Fungi bacteria .. actinomycetes
protozoa nematodes .. springtails and the bees
earhworms and millipedes .. ants and spiders too
millions of creatures .. with .. important things to do

Being green farmers we have to understand
All of these creatures are all part of the land

everywhere and all around .. busy can you see
polinate, fertilize,.. as the soil should be
drain and air .. revitilize .. they work and work the soil
as they work,.. as they toil,.. they cause the plants to grow

Being green farmers we have to understand
All of these creatures are all part of the land

they're in our gut,.. their on our skin,
we need them .. for our health
digest our food,.. protect our skin
theyre part of .. finding wealth

who is who and what they do,.. important things to know
when we need to stay away,.. and when we need to show
are they friends or enemies, .. let us understand
co-exist and work with them, .. lets be part of the land

Being green farmers we have to understand
All of these creatures are all part of the land

INSECTOS

HONGOS   BACTERIAS   ACTINOMICETOS

NEMATODOS PROTOZOOS ABEJAS Y **COLEMBOLOS**

HORMIGAS   ARAÑAS   **Y TAMBIEN** LOMBRISES

TANTAS CREATURAS CON VALIOSAS   OBRAS PARA HACER

SIENDO   PLANTADORES VERDES   HAY QUE APRENDER
SON   PARTE DE LA TIERRA   TODOS ESTOS BICHOS
                              ... ESTO   ENTENDER

AL REDEDOR ~ Y OCUPADOS ~ ESTO PUEDEN VER

POLINIZAR~FERTILIZAR _ COMO EL SUELO_ DEBE SER

ARAR~DRENAR~REVI-TALIZAR.... EL SUELO TRABAJAR

EN LABORAR Y ESFORAR__EL JARDIN__DESARROLLAR

ESTAN EN NUESTRAS PANSAS   ESTAN EN NUESTRA PIEL

Y SON TAN NECESARIOS   PARA NUESTRA   SALUD

DIGIEREN ALIMENTOS   PROTEGEN NUESTRA PIEL

SON PARTE DE ESTAR _ Y ASI LOGRAR _ **NUESTRO** BIENESTAR

QUIEN ES QUIEN Y QUE PAPEL   BUENO PA SABER

CON QUIEN ESTAR   QUIEN EVITAR   ESTO HAY QUE VER

ENEMIGOS O AMIGOS   HAY QUE ENTENDER

CO-EXISTIR~COLABORAR   PARTE DE LA TIERRA
                              ...HAY QUE   SER

SIENDO   PLANTADORES VERDES   HAY QUE APRENDER
SON   PARTE DE LA TIERRA   TODOS ESTOS BICHOS
                              ... ESTO   ENTENDER

© 2024

THE DIRT

GATHER ROUND .... LETS GET THE DIRT
ABOUT THE SOIL .... IT CANNOT HURT
LETS FIND OUT .... WHAT PLANTS EAT
KNOW THE PARTS .... THAT MAKE THEM GROW

VOLCANIC ROCKS .... GIVE THEM IRON
WANT MINERALS ? .... PUT IN CLAY
ASH FROM PLANTS .... NUTRIENT RICH
FROM THE RAIN .... MSM

ECOSYSTEM ..... MECHANISM ..... SYNTHESIS
TO KNOW WHATS WHAT ....THINK OF THESE

BUGS EAT MULCH .... SO THEY CAN MAKE
WHAT PLANTS NEED .... TO THEN CREATE
VITAMINS .... AND MANY THINGS
THAT WE NEED .... TO FILL OUR NEEDS

ECOSYSTEM ..... MECHANISM ..... SUNTHESIS
TO KNOW WHATS WHAT .... THINK OF THESE

La Tierra

EN CONGREGAR   Y TAMBIEN CHISMIAR

DE QUE ES EL SUELO?   QUE PUEDE DAÑAR?

QUE COMEN LAS PLANTAS?   ESTO HAY QUE VER

QUIEN Y QUE ... LAS HACE CRECER ... ESTO SABER

ROCAS VOLCANICAS   ES DANDOLE HIERRO

DANDOLE BARRO   LES DA MINERALES

CENIZA DE PLANTAS   ES TAN NUTRITIVO

CON ASUFRE DEL CIELO   REGAR TU CULTIVO

CORO

MECANISMO   ECOSISTEMA   SINTESIS

SI QUIERES SABER   QUIEN ES QUIEN   PIENSA ASI

HIERBAS ... LOS MICROS COMEN ... Y ASI CREAR

LO QUE PLANTAS OCUPAN ... Y ASI CREAR

VITAMINAS   ...   Y TANTAS COSAS

Y ASI LLENARNOS   ...   CON LO QUE OCUPAMOS

CORO

MECANISMO   ECOSISTEMA   SINTESIS

SI QUIERES SABER   QUIEN ES QUIEN   PIENSA ASI

15 .

THE

G
R
O
W
I
N
G

CYCLE

PREPPING THE SOIL AND
MAKING IT FERTILE ...
ADDING THE MINERALS
... IT NEEDS TODAY

SEE THE CYCLE ... SPINNING ... LIKE A WHEEL ... TURNING
... AS IT GOES ... ROUND AND ROUND

PLANTING THE SEEDS
CAREFULL AND GENTIL
... THAT WE CAN SEE
THE BEAUTY OF BIRTH

SEE THE CYCLE ... SPINNING ... LIKE A WHEEL ... TURNING
... AS IT GOES ... ROUND AND ROUND

AS THEY RISE AND REACH FOR SUN ...
ROOTS NEED SPACE ... TO STRETCH AND FLOW
FIND A PLACE ... A SPECIAL PLACE
GIVE THEM WHAT ... THEY NEED TO GROW

SEE THE CYCLE ... SPINNING ... LIKE A WHEEL ... TURNING
... AS IT GOES ... ROUND AND ROUND

GIVE THEM WATER ... AS THEY GROW
GIVE THEM FOOD ..... SO THEY CAN REACH
BUGS AND MULCH ... AND WHEN TO PRUNE
MAKE THEM HEALTHY ... TO BE STRONG

SEE THE CYCLE ... SPINNING ... LIKE A WHEEL ... TURNING
AS IT GOES ... ROUND AND ROUND

THEN ITS TIME .. TO PICK THE FRUIT
COMES THE FUN ... OF HARVEST TIME!
WHEN WE GAVE PLANTS ... ALL THEY'RE NEEDS
IN OUR MINDS   THEY PLANTED SEEDS

SEE THE CYCLE ... SPINNING ... LIKE A WHEEL ... TURNING
... AS IT GOES ROUND AND ROUND

SO MUCH FUN ... TO JOIN WITH FRIENDS
... ENJOY THE FRUIT ... AND REFLECT
SAVE SOME FOOD ... A RAINY DAY
UNTIL ITS TIME ... TO PLANT ... ANOTHER DAY

SEE THE CYCLE ... SPINNING ... LIKE A WHEEL ... TURNING
... AS IT GOES ROUND AND ROUND

COMES THE TIME ... TO PICK THE SEEDS
FOR WHEN ITS TIME ... TO GROW AGAIN
... KEEP THEM SAFE FOR AS YOU KNOW ...
THERE WILL BE A NEW ... TOMMOROW ...

© 2024

EL CICLO DE CRECER

UNA

PREPARANDO LA TIERRA   HACIENDOLA FERTIL
METIENDO MINERALES   LO QUE OCUPA *HOY*

**ESTE
CORO
SE
REPITE** ⇨

> *MIRANDO EL CICLO   GIRANDO Y GIRANDO*
> *COMO UNA RUEDA ~ VOLTEANDO Y VOLTEANDO*
> *EN LO QUE VA   RODEANDO Y RODEANDO*

PLANTANDO SEMILLAS,   CON CUIDADO Y ATENTOS
LOGRANDO NOS VER   LA BELLEZA   DE *NACER*

CORO

EN LO QUE SUBEN   ESTRANDO   AL SOL
RAIZES ... OCUPAN ESPACIO ... BUSCANO UN LUGAR
BUSCANDO ... UN LUGAR ESPECIAL ... EN DONDE ESTAR
DANDOLES   LO QUE OCUPAN   PARA *DESARROLLAR*

CORO

DARLES SU AGUA   EN LO QUE CRECEN
DARLES COMIDA   PARA PODER ALCANZAR
PLAGA ... MANTILLO   Y CUANDO PODAR
FORTALECER   Y SALUDABLES   DEBEN DE ESTAR

CORO

DESPUES EN SU TIEMPO   LA FRUTA   JUNTAR
Y LLEGA ... LO DIVERTIDO ... EL TIEMPO ... DE COSECHAR
EN DARLE A LAS PLANTAS   SU   NECESIDAD
SEMILLAS ... PLANTARON ... EN NUESTRA   *MEN-TALI-DAD*

CORO

TANTA DIVERSION   CON AMIGOS REUNIR
DE LA FRUTA   DISFRUTAR   Y   RE-FLEXIONAR
ALMACENAR LA COMIDA ... *PARA TIEMPOS DE LLUVIA*
HASTA QUE LLEGE EL TIEMPO ... DE PLANTAR *OTRA VEZ*

CORO

VINIENDO EL TIEMPO   *DE* RECOGER LAS SEMILLAS
PARA CUANDO ES TIEMPO   DE PLANTAR OTRA VES
TENLAS SEGURAS   PORQUE COMO TU SABES
LLEGARA ... ESA NUEVA ... MAÑANA

17. LIVING YOUNG

SOOO NATURAL * SO MAGICAL * ITS MUSICAL & BEUTIFUL
WHEN KIDS UNITE -- WITH --"NATURES WORLD"-- OF WONDER...

TOO LEARN TO PLANT .... TO LEARN TO GROW
TO RE-CONNECT .... TO LIVE THE FLOW

TO SEE THEM PLAY ..... TO SEE THEM GROW
BOTH KIDS AND PLANTS ..... ANOTHER DAY...

FIRST THEY GIVE ..... WHAT PLANTS NEED
THEN RECIEVE .... WHAT PLANTS GIVE

TO CO-EXIST ...... TO LEARN TO SHARE
TO SEE THE WORLD ... AS ... EARTH AND ME ...

SOOO NATURAL * SO MAGICAL * ITS MUSICAL & BEAUTIFUL
WHEN KIDS UNITE -- WITH "NATURES WORLD" -- OF WONDER..

AAA BALANCED LIFE .... IS THEIR REWARD
ITS LIVING YOUNG .... ITS LIVING FREE

IF WE FORGET .... WHAT USED TO BE
TO DISCONNECT ... HOW SAD TO SEE ....

SO ... LETS GO INSIDE .... OF WHO WE ARE
DON'T LOOSE THAT SENSE .... OF CURIOUSITY

TO UNDERSTAND ... THEN ... WHAT IT MEANS ....
THAT "SENSE OF WONDER ... & ... LIVING YOUNG ...

SOOO NATURAL * SO MAGICAL * ITS MUSICAL & BEAUTIFUL
WHEN KIDS UNITE -- WITH "NATURES WORLD" -- OF WONDER...

TAN NATURAL ... PRECIOCIDAD ... TAN MAGICAL ... Y MUSICAL
UNIENDO NINOS   EN ESE MUNDO   DE ENCANTO

coro

EN APRENDER,   LO QUE ES PLANTAR,   LO QUE ES CRECER
RECONECTAR   EL FLUJO VIVIR
DE VERLOS JUGAR   DE VERLOS CRECER
NIÑOS Y PLANTAS   OTRO DIA   OTRA VEZ

PRIMERO LES DAN   LO QUE PLANTAS   OCUPARAN
DESPUES RECIBEN   LO QUE PLANTAS   APORTARAN
CO- EXISTIR Y COMPARTIR   SERIA   *ENTENDER*
Y ASI ... CON LA TIERRA Y YO ... EL MUNDO EN VER

TAN NATURAL ... PRECIOCIDAD ... TAN MAGICAL ... Y MUSICAL
UNIENDO NINOS   EN ESE MUNDO   DE ENCANTO

coro

EN EQUILIBRO ... SU VIDA   ...   SU RECOMPENSA
ES VIVIENDO ... LIBRE ... ES VIVIENDO ... JOVEN
SI NOS ... OLVIDAMOS ... LO QUE ANTES ERA
EN DESCONECTAR ... TAN TRISTE EN VER ... TAN TRISTE SERA

ADENTRO ENTRAR   ...   DE QUIENES SOMOS
NO HAY QUE PERDER ... LA ... CURIOSIDAD
Y ASI ... ENTENDER   ...   LO QUE ES APRENDER
ESE SENTIDO ... Y ESE ENCANTO ... DE VIVIENDO JOVEN

TAN NATURAL ... PRECIOCIDAD ... TAN MAGICAL ... Y MUSICAL
UNIENDO NINOS   EN ESE MUNDO   DE ENCANTO

coro

Ⓒ 2024

GARDEN SONG

BY DAVID MALLET

> INCH BY INCH ～ ROW BY ROW
> GONA MAKE ～ THIS GARDEN GROW
> ALL IT TAKES ～ IS ～ A RAKE AND A HOE
> AND A PIECE OF ～ FERTILE GROUND

INCH BY INCH ～ ROW BY ROW
SOME ONE BLESS ～ THESE SEEDS I SOW
SOMEONE WARM ～ THEM FROM BELOW
TILL THE RAIN ～ COMES TUMBLING DOWN

PULLING WEEDS ～ AND PICKIN' STONES...
WE ARE MADE ～ OF DREAMS AND BONES
FEEL THE NEED ～ TO GROW MY OWN,
CAUSE THE TIME ～ IS CLOSE AT HAND

GRAIN FOR GRAIN ～ SUN AND RAIN
FIND MY WAY ～ IN NATURE'S CHAIN
TUNE MY BODY ～ AND MY BRAIN
TO THE MUSIC ～ OF THE LAND

PLANT YOUR ROWS ～ STRAIGHT AND LONG
TEMPER THEM WITH ～ PRAYER AND SONG
MOTHER EARTH ～ WILL MAKE YOU STRONG
IF YOU GIVE HER ～ LOVE AND CARE

AND OLD CROW ～ WATCHING HUNGRILY
FROM HIS PERCH ～ IN YONDER TREE
AND IN MY GARDEN ～ I'M AS FREE
AS THAT FEATHERED ～ THIEF UP THERE

> AND INCH BY INCH ～ ROW BY ROW
> GONA MAKE ～ THIS GARDEN GROW
> ALL IT TAKES ～ IS ～ A RAKE AND A HOE
> AND A PIECE OF ～ FERTILE GROUND

CANCION DE JARDIN

PULGADA POR PULGADA   HILERA POR HILERA
VOY HACER   ESTE   JARDIN CRECER
SOLO OCUPO   RASTILLO Y ASADA
Y   PEDAZO   DE TIERRA   FERTIL

Y GRANO POR GRANO   HILERA POR HILERA
ALGUIEN BENDIGA   ESTAS SEMILLAS   QUE YO PLANTO
ALGUIEN   LAS   CALIENTE   POR   ABAJO
HASTA   QUE   LA LLUVIA   VIENE   DERRUM...BANDO

Y QUITANDO MALEZAS   QUITANDO PIEDRAS
SOMOS HECHOS   DE SUENOS Y HUESOS
SENTIR LA NECESIDAD   DE CRECER LO MIO
PORQUE   EL TIEMPO   ESTA   ALA   MANO

Y   LLUVIA POR GRANO   SOL Y LLUVIA
ENCONTRAR MI LUGAR   EN...LA   CADENA DE NATURA
AFINAR MI CUERPO   Y MI MENTE
A LA MUSICA   DE LA TIERRA

PLANTAR TUS HILERAS   DERECHAS Y LARGITAS
Y   TEMPLARLAS   CON   ORACION...Y...CANCION
LA MADRE TIERRA   TE VA FORTALEZER
SI LE DAS   AMOR   Y ATENCION

Y   DON CUERVO   ALLI   MIRANDO
CON SU HAMBRE   EN SU PERCA   DE SU ARBOL
Y EN   MI JARDIN   SOY TAN LIBRE
COMO ESE LADRON   PLUMADO   ALLA ARIB,

Y PULGADA POR PULGADA   HILERA POR HILERA
VOY HACER   ESTE   JARDIN CRECER
SOLO OCUPA   RASTILLO Y ASADA
Y   PEDAZO   DE TIERRA   FERTIL

21 .

TO SING
THE MUSIC OF THE WIND

TO FEEL THE JOY .... OF RUNNING FREE
TO SEE THE SIGHT .... WHEN SUNRISE COMES
TO FEEL THE NEED.... TO MAKE THINGS RIGHT
TO PUT THE EARTH .... JUST AS IT WAS

I HEAR THE NEWS .... SO SAD TO SEE
THE TRASH THAT FLOATS .... UPON THE SEA
WHAT WOULD IT TAKE .... FOR HEARTS 🧡 TO SEE
IT'S WHAT THEY EAT .... THE BIRDS AT SEA

DID WE FORGET THAT PLACE WE LIVE
WHERE RIVERS FLOW, AND CHILDREN PLAY
TO LEARN TO HEAR, TO LEARN TO FEEL
IT IS TO SING.... THE MUSIC   OF THE WIND

TO LOOK AWAY .... AND NOT TO SEE
WHAT WE NEED .... AND WHERE TO BE
TO BE A PART .... OF WHAT IS REAL
TO LIVE OUR LIVES .... IN HARMONY

TO LEARN TO GIVE .... INSTEAD OF TAKE
TO SKIP AND JUMP .... AND DANCE THROUGH TIME
OUR LIVES A MELODY .... THAT WE CAN SING
TO LEARN THE BEAT .... THAT MOVES IN RHYME

DID WE FORGET THAT PLACE WE LIVE
WHERE RIVERS FLOW , AND CHILDREN PLAY
TO LEARN TO HEAR, TO LEARN TO FEEL
IT IS TO SING .... THE MUSIC   OF THE WIND..

© 2024

EN SINTIENDO EL GUSTO   DE LIBRE CORRER

EN VER APARECER   UN ALEGRE   A / MANECER

EN SENTIR EL DESEO   DEL MUNDO   AREGLAR

TAL COMO ESTABA   Y A ESO   PODER   REGRESAR

ESCUCHANDO NOTICIAS   TAN TRISTES DE VER

BASURA FLOTANDO   POR TODO EL MAR

LA FALTA QUE HACE   EN EL DESPERTAR

ES LO QUE COMEN   PAJARITOS DEL MAR

CORO

NOS OLVIDAMOS   EN DONDE VIVIMOS

DONDE FLUYEN LOS RIOS   DONDE JUEGAN
                 LOS NIÑOS

APRENDIENDO A OIR   APRENDIENDO A SENTIR

EL SABER EN CANTAR   LA MUSICA   DEL VIENTO

DE NO MIRAR   Y DE VOLTIAR

EL CAMINO EVITAR   Y EN DONDE ESTAR

EN SIENDO PARTE   DE LO QUE ES REAL

SERIA VIVIR ~ SERIA FLUIR ~ SERIA ~ ARMONIZAR

SABER EN DAR   Y NO QUITAR

SALTAR ~ BRINCAR ~ POR EL TIEMPO BAILAR

CON NUESTRAS VIDAS ~ CANTANDO ~ EN MELODIA

APRENDIENDO EL RITMO ~ QUE SE MUEVE ~ EN RIMAR

CORO

NOS OLVIDAMOS   EN DONDE VIVIMOS

DONDE FLUYEN LOS RIOS   DONDE JUEGAN
                 LOS NIÑOS

APRENDIENDO A OIR ... APRENDIENDO A SENTIR

EL SABER EN CANTAR ... LA MUSICA DEL VIENTO

23. WHAT _ _ _ ABOUT ROCKS?

IN NATURE'S CHAIN......... WHAT'S THEY'RE PART ?
WHY SPEND TIME........ WHY FIND OUT ?
THE WORLD OF ROCKS........ WHY EXPLORE ?
CAN IT BE FUN ?   LETS LOOK SOME MORE...

THEY CRACK THE DIRT...... SO SOIL CAN BREATH
SO SOIL CAN DRAIN........ SO ROOTS CAN GRAB
STORE HEAT AT KNIGHT.... AND WATER WHEN DRY
AND SO MANY THINGS... ON WHICH.... PLANTS RELY

AS I DO GO... AS I DO GROW... IN MY LIFE...
I WANT TO KNOW ~ & EXPLORE... WHAT... ABOUT ROCKS

AND QUESS WHAT? .... IT'S GOOD TO KNOW
THEY'RE MADE OF ROCKS...... OUR BONES AND TEETH
ROCKS GIVE HEALTH... WHICH GIVE'S US WEALTH
LETS FIND OUT... WHAT ELSE... ROCKS CAN TEACH

THEY OFFER BEAUTY... AND SO MUCH MORE
THEY TELL THE STORY...... WHAT CAME BEFORE
AND LIFE'S A SONG .... SO LETS KEEP SINGING
AND LIFE'S A JOURNEY.... SO LETS KEEP EXPLORING

AS I DO GO... AS I DO GROW... IN MY LIFE...
I WANT TO KNOW ~ & ~ EXPLORE... WHAT... ABOUT ROCKS

¿ Y QUE ?... DE LAS ROCAS

EN..LA CADENA NATURA,   ¿CUAL ES SU PARTE?
POR QUE GASTAR TIEMPO   POR QUE AVERIGUAR
    ¿SERA DIVIRTIDO?   ¿QUE MAS SABER?
    EL MUNDO DE ROCAS   ...   ¿POR QUE EXPLORAR?

QUIEBRAN LA TIERRA...PARA QUE EL SUELO RESPIRE
AYUDAN CON DRENAJE...DONDE RAICES SE AGARAN
GUARDAN ~ CALOR EN NOCHE ~ HUMEDAD EN SEQUÍA
Y TANTAS COSAS ... DE LO QUE PLANTAS SE APOYAN

EN LO QUE VOY   Y EN CRECER   QUISERA
    MAS   EXPLORAR: ¿Y QUE.. DE LAS ROCAS?

y QUE CREES? ... TAN BUENO SABER
LOS DIENTES Y HUESOS ... DE ROCAS ESTAN HECHOS
SALUD DAN LAS ROCAS   QUE NOS DAN RIQUEZA
QUE MAS...¿ENSENARAN?...ESO .... HAY QUE BUSCAR

NOS DAN BELLEZA ... Y TANTO MAS
NOS DAN LA HISTORIA ... DE LO QUE FUE
Y LA VIDA ES UN CANTO ... Y SEGUIR CANTANDO
Y LA VIDA ES UN VIAJE ... Y SEGUIR EXPLORANDO

EN LO QUE VOY   Y EN CRECER   QUISIERA
    MAS   EXPLORAR   ¿Y QUE.. DE LAS ROCAS?

Ⓒ 2024

25. ¿ WHY ¿ MAKE COMPOST ?

WHY DO COMPOST	WHY DO BOTHER
IT IS YUCKII	IT IS ICKII
TAKES MY TIME	I'D RATHER PLAY
FROM ALL THAT	I'LL STAY AWAY

BUT AS I SEE	ALL AROUND ME
SO MUCH TRASH	IN LAND AND SEA
I HAVE TO THINK	AND THINK AGAIN
WHAT CAN I DO ?	HOW CAN THIS BE

SAVE THE SCRAPS	GET SOME GRASS
DRY'D UP WEEDS	AND SOME DIRT
ALL IN A BOX	WET AND TURN
RECYLING MAKES GOLD	INSTEAD OF TRASH

FOOD FOR BUGS	MAKES LIVING SOIL
NITROGEN ON TOP	MAKES PLANTS GROW
A NICER ME	A NICER YOU
A NICER WORLD	FOR US TO KNOW

WHY DO COMPOST?	WHY DO BOTHER
WHY THE SHOW?	NOW I KNOW

¿ P O R Q U E ? ... C O M P O S T A R

POR QUE COMPOSTAR?... POR QUE INCOMODAR?
ME VOY A ENSUCIAR... EN ESTO NO ENTRAR...
ME QUITARIA TIEMPO ... PREFERIA JUGAR...
DE ESTE ESFUERZO... ALEJADO ESTAR...

PERO EN LO QUE VEO... ALREDEDOR DE MI MUNDO
BASURA DAÑANDO LA TIERRA Y EL MAR
FORZADO A PENSAR Y PENZAR OTRA VEZ
¿QUE SE PUEDE HACER? ¿COMO PUEDO AYUDAR?

GUARDANDO LAS SOBRAS JUNTANDO EL PASTO...
MALEZAS SECADAS ... Y TIERRA MESCLADA
METERLAS EN CAJA... MOJAR Y VOLTIAR...
Y ASI ... RECICLAR ... EN VEZ ... DE BASURA ...TIRAR

COMPOSTA RESULTA ... EL GAS ... DE NITROGENO
QUE PLANTAS USAN ... QUE IMPULSA EL CRECER
MEJORANDOME A MI ... MEJORANDOTE A TI
MEJORANDO MI MUNDO ... PARA VIVIR ASI...

¿POR QUE COMPOSTAR? ... ¿POR QUE INCOMODAR?
AHORA SI ENTIENDO ... POR QUE EMPEZAR...

KAIA'S SONG

AUTHOR   KAIA GUERRERO
7 YRS OLD

SOOMMMEE DDAAYY

WWHHEENN II LOOK OUT

TOOO THE HORIZON

I'I'I   WILL   SEEE

MOOORE   THANNN

AA   BUILDING OOOR 2

IIII' WILL   SEEEE

AAAA   JUNNNGLE

FUUULLL OF PLANTS

AAAANNND   LEEEAVES

IIIINNN STEAD OFFF

A TOWN FULLL OF STUFFFF

CANCION DE
K A I A

*AUTORA DE ESTA CANCION ES
UNA NIÑA DE 7 AÑOS*

A ~ AA ~ AL   GUN   DI ~ I ~ AAA

MIRANDO HACIA AFUERA ...

SOBRE   EL HORIZON ~ TE

HACI ... YO   LO   MIRARE ...

MAS ...   DE

SOLO ... UN ~ EDIFICIO ... O DOS

HACI ... YO   LO   MIRARE ...

UNA   ...   SELVA

LLENA ... DE TANTAS Y TANTAS PLANTAS

Y TANTAS TANTAS TANTAS HOJAS

E ~ E ~ EN   CAMBIO

DE UN PUEBLO...DE SOLO...LLENO...DE COSAS

29. TALY AND HER PLAN

INSPIRED BY A
10 YR OLD YOUNG LADY

WHILE WORKING THE GARDEN
PREPARING THE SEEDS
THE GARDEN'S A MESS
WITH NO TIME TO CLEAN

SHE COMES WITH A BAG
PICKING UP TRASH
NO ONE HAD ASKED HER
SHE CAME ON HER OWN

WE STARTED TO TALK
AND TO MY SURPRISE
SHE TOLD ME HER PLAN
TO KEEP THE SCHOOL CLEAN

SHE HELPS IN THE GARDEN
TO KEEP THE SCHOOL GREEN
HER PICTURE OF COMPOST
WHERE IT CAN BE SEEN

HER HEART IS A MELODY
THAT DANCES THROUGH TIME
HER SPIRIT ... A RHYTHM
THAT MAKES HER LIFE RHYME

THE BEAT OF HER LIFE
IS TO HELP WHERE SHE CAN
CREATING THE MUSIC ... OF HOPE
... AND OF LOVE ... AS ... HER PLAN ...

© 2024

TALY Y SU PLAN

UNA HISTORIA ~ CANCION
INSPIRADA POR UNA
SEÑORITA DE 10 AÑOS

TRABAJANDO   EL JARDIN
PREPARANDO   SEMILLAS
EL JARDIN   UN DESORDEN
SIN TIEMPO   PARA LIMPIAR

LLEGO CON SU BOLSA
RECOGIENDO BASURA
SIN QUE NADIEN LE PIDIERA
LLEGO POR SU CUENTA

EMPEZAMOS   EN PLATICAR
Y PARA   MI SORPRESA
ME DIJO   DE SU PLAN
UN PROGRAMA DE LIMPIEZA

AYUDANDO   EN EL   JARDIN
VERDECIENDO EL LUGAR
QUIERE HACER COMPOSTA
QUIERE VERLO   MEJORAR

UN CORAZON... EN MELODIA
BAILANDO ... EN ALEGRIA
UN ESPIRITO   EN SU RITMO
DE DAR Y DE DAR ... Y ASI RIMAR

EL BEAT DE SU VIDA
ES AYUDAR DONDE PUEDA
CREANDO ... ESPERANZA
Y AMOR ... ES ... SU PLAN

© 2024

GUIDES TO SING

WITH AN ORGANIC ~ EASY ~ FUN METHOD

WHEN SINGING WITH KIDS

1. Do not consider being in tune or on time
2. At first do not put energy into memorizing. If the kids can read, place the music sheet in front of them. The music sheet is designed to visually see the melody without technical data. Our method brings out each individuals natural ability to create a melodious interpretation of the song. We believe anyone can achieve being a great singer. We have the videos to prove it.
3. If they cannot read, have someone sing as they repeat or create a recording or video or use our sing/guide music to get an idea of a melody. Note; The melody can vary, there is no absolute way to sing the song. Tell them to sing from their heart, not their heads. What really helps and makes it fun is to divide the music whereby 1 or more kids sing a line and others sing the following lines. Magically, several kids singing often synchronize to create a cool sound.

SUGGESTIONS TO SING GREAT

1. Don't start your song from your head; start from the heart. Some song starts from the heart and others from the spirit, depending on the song. Then up through the head.
2. At first do not worry about being in tune or on time so as to not confuse the mind and be able to focus on mastering the message. Also do not memorize the song at first.
3. The first word of every line is emphasized and launched

    and used to launch each line into the air

into flight like when you first push someone on a swing. The song is moved along with every new push.

1. *Creating a beautiful melody can happen by how you write the verses on a sheet. This method allows your intuition to create a natural good sounding melodic cycle. It becomes easier to achieve if sang with others. All singing at once or alternating lines.*

2. *Stretch & adjust each word as needed to stay in melody. Take each word and turn it into a piece of art, molding and stretching as needed to express the message.*

3. *Avoid talking the song, use the power of emotion. Do not let the words just run together. Learn to use pauses when needed. They help express visions and make music fun.*

4. *Very important that you enjoy practicing. If not, it becomes counter-productive. Stop and sing another day*

HOW TO PRACTICE A SONG

1. *First ... talk the song to contemplate and absorb the spirit of the message.*

2. *Second ... poetize the song. Convert the song into a poem whereby you turn the song into a piece of art.*

3. *Third ... musicalize the song. Give it that swing, Sway, emotion, and melodize the song. A song is the combination of these 3 items*

note;   this method is very important to create a base or root
to be able to create delicious fruit

GUIAS PARA CANTAR

Con un método orgánico ~ fácil ~ divertido

AL CANTAR CON NINOS

1. No considerar estar afinado o estar en tiempo
2. Al principio no pongas energía en memorizar. Si los niños saben leer, coloque la canción frente a ellos. La imagen de la música en el papel esta desenada para ver visualmente la melodía sin datos técnicos. Nuestro método resalta la capacidad natural de cada individuo para crear una interpretación melodiosa de la canción. Creemos que cualquiera puede lograr ser un gran cantante. Tenemos los videos para demostrarlo.
3. Si no pueden leer, pídale a alguien que cante mientras repiten o crear una grabación o video o usar nuestra música/canto guía para tener una idea de una melodía. Nota; La melodía puede variar, no existe una forma absoluta de cantar la canción. Dígales que canten con el corazón, no con la cabeza. Lo que realmente ayuda y lo hace divertido es dividir la música de modo que 1 o más niños canten una línea y otros canten las siguientes. Mágicamente, a veces, varios niños cantando juntos se sincronizan para crear un sonido genial.

SUGERENCIAS PARA CANTAR BIEN

1. No empieces tu canción desde tu cabeza; empezar desde el corazón. Algunas canciones empiezan del corazón y otras de el espíritu, dependiendo de la canción. Después la cabeza las procesa.
2. Al principio no te preocupes por estar en sintonía o puntualidad para no confundir la mente y poder concentrar en dominar el mensaje. Tampoco memorices la canción al principio.
3. La primera palabra de cada línea se enfatiza y se usa para "lanzar" la línea al aire como una ola musical. Como empujando alguien en un columpio. La canción se va moviendo con cada empuje.

4. Se puede crear una hermosa melodía según el formato de la hoja. Este método permite que su intuición cree un ciclo melódico que suene bien. Se vuelve más fácil de lograr si lo canta con otros. Todos cantando a la vez o alternando líneas.

5. Estire y ajuste cada palabra según sea necesario para mantener la melodía. Tome cada palabra y conviértala en una obra de arte, moldeándola y estirándola según sea necesario para expresar el mensaje.

6. Evita hablar la canción; usar el poder de la emoción. No dejes que las palabras simplemente corran. aprende a utilizar pausas cuando sea necesario. Las pausas ayudan expresar visiones y hacen que la música sea divertida.

7. Muy importante que disfrutes practicando. De lo contrario, resulta contraproducente. Mejor cantar otro día.

COMO PRACTICAR UNA CANCION

1. Primero … hablar la canción para contemplar y absorber el espíritu del mensaje.
2. Segundo … poetizar la canción. Convierte la canción en un poema mediante el cual conviertes la canción en una obra de arte.
3. Tercero … musicalizar la canción. Dale ese swing, esa gira, esa emoción, y metodizar la canción. Una canción es la combinación de estos y más.

Notar; Este método es muy importante para crear base o raíz y así … fruta deliciosa.

www.ingramcontent.com/pod-product-compliance
Lightning Source LLC
Chambersburg PA
CBHW081404270326
41930CB00015B/3402